LETTRE D'UN ÉLECTEUR

A MM. LES DÉPUTÉS

DU 14 OCTOBRE 1877

PARIS

E. DAUVIN, LIBRAIRE-ÉDITEUR

18, PASSAGE DU HAVRE, 18

—

1878

LETTRE D'UN ÉLECTEUR

A MM. LES DÉPUTÉS

DU 14 OCTOBRE 1877

PARIS

E. DAUVIN, LIBRAIRE-ÉDITEUR

18, PASSAGE DU HAVRE, 18

—

1878

LETTRE D'UN ÉLECTEUR

A MM. LES DÉPUTÉS

DU 14 OCTOBRE 1877

A quoi sert-il à la nation d'exprimer sa volonté, puisqu'elle n'est pas obéie ?

On a vu, le 14 octobre 1877, date mémorable ! le gouvernement tout entier, son chef en tête, livrer au pays la plus furieuse bataille et essuyer la plus éclatante défaite. La France, mise debout par la publication du Manifeste à ses électeurs du grand homme qui avait conjuré sa destruction, se leva comme en 89 et marcha aux urnes au pas de charge pour la République. Jamais, depuis la grande Révolution, on n'assista à un mouvement aussi formidable de l'opinion publique. On eût dit la nation sous la haute impulsion de ce chef-d'œuvre de patriotisme et de raison, venant faire le serment d'être libre à jamais, le Jeu de paume, cette fois, d'une nation entière.

Qui ne se rappelle le foudroyant résultat de ces élections, et la consternation du gouvernement sans égale, comme sa faute ?

La victoire de la France fut le triomphe de M. Thiers, son dernier, hélas !

La nation est souveraine ; depuis huit ans elle manifeste sa volonté avec une croissante énergie.

Qu'avez-vous fait, députés républicains ? Avez-vous constitué la République ? non ; son premier élément, la liberté de la presse, est absent. Il faut que la nation puisse faire connaître à chaque instant sa volonté : c'est la première condition du gouvernement républicain. La seconde, non moins indispensable, c'est que la force armée soit dans ses mains pour la faire exécuter.

Alors la grande personnalité de la nation existe, son *self-government* est possible : elle veut et elle peut ! Si la force armée n'est pas dans ses propres mains à elle, elle a un maître dans celui qui dispose de cette force. Il y a un pouvoir au-dessus de la nation. Aussi les peuples libres n'ont-ils pas d'armée permanente.

Les armées de la République ne sont pas celles de la monarchie. Elles ont un autre but, elles doivent être animées d'un autre esprit. Elles ne peuvent être que la nation armée.

N'oublions pas notre histoire. D'où date l'asservissement du pays ? de l'introduction des armées permanentes. Quand nos rois n'avaient pour toute force que celle de leurs serviteurs, la France était libre.

L'armée permanente est une institution essentiellement monarchique. Qui a remis la nation dans les fers? Qui a fait le 18 Brumaire? Qui a fait le 2 Décembre ?

Pour détruire les vieilles erreurs, pour dissiper les antiques préjugés, se débarrasser des innombrables abus, pour venir à bout du vieux monde qui l'opprime, le pays a besoin d'un levier d'une force incalculable, et il existe : la liberté de la pensée, en comparaison de laquelle la vapeur, l'électricité, toutes les forces de la matière sont peu de chose.

Il n'y a pas de République vraie sans elle.

On abuse le pays quand on lui dit qu'il a la République, on sait bien que cela n'est pas.

L'abolition des armées permanentes, c'est le budget de la nation dégrevé, d'un trait de plume, de plusieurs centaines de millions, d'une part, et, de l'autre, une production de plusieurs milliards dont les hommes rendus à l'industrie, au commerce, à l'agriculture, vont enrichir le pays et eux-mêmes. Un essor prodigieux de la fortune publique et privée; c'est la République établie sur les grands intérêts de la nation, inébranlable; le peuple français heureux; la grande unité française dans la liberté pour tous.

On dit qu'elles sont indispensables à la défense du pays. C'est faux. En effet, il fut un temps où la France eut ses armées portées à leur plus haute perfection et eut à leur tête le plus grand génie militaire qui ait paru, et c'est alors qu'elle a subi deux invasions et a été réduite aux dernières extrémités.

Ce qui est certain, c'est que d'elles datent ces effroyables budgets qui dévorent la substance des Etats et retardent les progrès de la civilisation.

Ce qui n'est pas douteux, c'est que ces armées sont les usines où l'on forge les guerres. Aux armées, il faut des guerres; elles en vivent, c'est leur industrie, à elles. Et cette industrie-là est la ruine du pays.

Il n'existe pas d'erreur plus fatale que celle-là ; elle a l'apparence du patriotisme.

La politique est une science expérimentale. C'est à la lumière des faits qu'il faut juger les théories.

Cette liberté que nos pères avaient conquise dans un sublime élan, en 89 ; cette liberté qu'ils ont défendue avec un courage indomptable contre l'Europe coalisée, nous n'avons pas su la conserver. Prenons donc exemple et conseil sur un peuple qui a su, lui, l'acquérir et la garder depuis un siècle comme le plus grand bien.

Par quels moyens treize petits Etats d'Amérique qui, en 1786, s'élevaient à peine à trois millions d'habitants, ont-ils accru constamment leur puissance jusqu'à devenir cette grande nation dont le pavillon étoilé flotte avec orgueil sur toutes les mers?

C'est par leur fidélité au Créateur, leur respect de la liberté de l'homme et l'amour de la paix, que les fiers descendants des Puritains ont mérité de devenir le grand peuple des États-Unis.

Nous avons pris la route opposée, qui nous a conduits à la ruine de notre grandeur.

En nous inspirant des principes qui ont dirigé leur conduite, en les imitant, nous pourrons nous relever.

Liberté! pas d'armée permanente! telle a été leur volonté inébranlable.

Heureuses entre toutes, les nations qui ont parmi elles des hommes tels que Washington et Franklin!

Députés républicains, ayez présentes à l'esprit les sages paroles d'un éminent Anglais :

« Si vous ne marchez pas, messieurs, disait un jour lord Macaulay à la Chambre de Lords, un moment viendra où vous serez obligés de courir, et, alors, vous serez exposés à des dangers qu'une marche sage vous aurait permis d'éviter. »

Députés républicains, il faut marcher en vous inspirant des principes qui ont fait la grande république des États-Unis, que nous livrons à vos méditations.

Prenez garde de faire douter de votre capacité ou suspecter votre bonne foi.

La nation attend votre œuvre ; si vous tardez, ou elle se fatiguera ou elle s'impatientera, et alors tremblez en pensant aux paroles de lord Macaulay.

Vous l'invitez à la patience : mais on se demande pourquoi vous ne lui en avez pas donné l'exemple? Pourquoi vous êtes-vous fait nommer représentants, puisqu'il n'y avait rien à faire ?

Il fallait attendre vous-mêmes; c'eût été moins inconvenant qu'une nation qui attend depuis huit ans, et qui vous a élus pour établir en France la République.

Elle espère encore que vous serez à la hauteur de votre mission.

L'occasion s'offre à vous d'éterniser votre nom, et de mériter que la postérité française ne le prononce qu'avec respect. Mais n'oubliez pas qu'il est des moments dans la vie des peuples où les heures décident des destinées.

⁂

CONSTITUTION DU MASSACHUSSETS [1]

PRÉAMBULE

Le but de l'institution, du maintien et de l'administration d'un gouvernement est d'assurer l'exis-

[1] Traduction du duc de Larochefoucauld, 1783.

tence du corps politique, de le protéger et de procurer aux individus qui le composent la faculté de jouir en sûreté et avec tranquillité de leurs droits naturels et d'une vie heureuse ; **et, toutes les fois que ces grands objets ne sont pas remplis, le peuple a le droit de changer le gouvernement, et de prendre les mesures nécessaires à sa sûreté, à sa prospérité et à son bonheur.**

Déclaration des droits des habitants de la république du Massachussets.

Art. 1ᵉʳ. — Tous les hommes sont nés libres et égaux, ont certains droits naturels, essentiels et inaliénables, parmi lesquels on doit compter d'abord le droit de jouir de la vie et de la liberté, et celui de les défendre ; ensuite le droit d'acquérir des propriétés, de les posséder et de les protéger ; enfin le droit de chercher et d'obtenir leur sûreté et leur bonheur.

VII. — Le gouvernement est institué pour le bien commun, pour la protection, la sûreté, la prospérité et le bonheur du peuple, et non pas pour le profit, l'honneur ou l'intérêt particulier d'un homme, d'une famille, d'une classe d'hommes. *En conséquence, le peuple seul a le droit incontestable, inaliénable et imprescriptible d'instituer le gouverne-ment, et aussi de le réformer, le corriger ou le chan-ger totalement, quand sa protection, sa sûreté, sa prospérité et son bonheur l'exigent.*

XVI. — *La liberté de la presse est essentielle pour assurer la liberté d'un Etat ;* elle ne doit donc être gênée en aucune manière dans cette République.

XVII. — Le peuple a droit d'avoir et de porter des armes pour la défense commune. Comme, en temps de paix, les armées sont dangereuses pour la liberté, on ne doit pas en conserver sur pied sans le consentement de la législature, et le pouvoir militaire doit toujours être tenu dans une subordi-nation exacte à l'autorité civile, et gouvernée par elle.

CONSTITUTION DE PENSYLVANIE

XII. — *Le peuple a le droit et la liberté de parler, d'écrire et de publier ses sentiments ; en conséquence, la liberté de la presse ne doit jamais être gênée.*

XIII.— Le peuple a le droit de porter les armes pour sa défense et pour celle de l'État ; et comme, en temps de paix, des armées sur pied sont dange-reuses pour la liberté, il ne doit pas en être entre-tenu ; et le militaire doit toujours être tenu dans une exacte subordination à l'autorité civile, et toujours gouverné par elle.

CONSTITUTION DU DELAWARE

XVIII. — Une milice bien réglée est la défense convenable, naturelle et sûre d'un gouvernement libre.

XIX. — *Des armées toujours sur pied sont dangereuses pour la liberté,* et il ne doit en être ni levé ni entretenu sans le consentement de la législature.

XX. — Dans tous les cas et dans tous les temps, le militaire *doit être parfaitement subordonné à l'autorité civile, et gouverné par elle.*

XXIII. — *La liberté de la presse doit être inviolablement maintenue.*

CONSTITUTION DU MARYLAND

XXV. — Une milice bien réglée est la défense convenable et naturelle d'un gouvernement libre.

XXVI. — *Des armées toujours sur pied sont dangereuses pour la liberté, et il ne doit en être ni levé ni entretenu sans le consentement de la législature.*

XXVII. — Dans tous les cas et dans tous les temps, le militaire doit être exactement subordonné *à l'autorité civile et gouverné par elle.*

XXXVIII. — *La liberté de la presse doit être inviolablement conservée.*

CONSTITUTION DE VIRGINIE

XIV. — *La liberté de la presse est un des plus*

forts boulevards de la liberté de l'Etat, et ne peut être restreinte que sous les Etats despotiques.

Toutes ces constitutions formulent les mêmes principes : l'inviolabilité de la liberté de la presse et l'opposition à une armée permanente.

Actuellement, la Constitution des Etats-Unis porte :

ART. 1ᵉʳ. — **Le Congrès ne pourra faire aucune loi relative à l'établissement d'une religion, ou pour en prohiber une ; il ne pourra point non plus restreindre la liberté de la parole ou de la presse, ni attaquer le droit qu'a le peuple de s'assembler paisiblement et d'adresser des pétitions au gouvernement pour obtenir le redressement de ses griefs.**

ART. 2. — **Une milice bien réglée étant nécessaire à la sécurité d'un état libre, on ne pourra restreindre le droit qu'a le peuple de garder et de porter des armes.**

Ces droits de la nation sont reconnus inviolables, ils sont supérieurs aux congrès, ils dominent tout comme une vérité indiscutable.

Voilà la cause de la grandeur des Etats-Unis : **la liberté y est le droit divin.**

Paris — Typ. Balitout, Questroy et Cⁱᵉ, 7, rue Baillif.

PARIS

IMPRIMERIE BALITOUT, QUESTROY ET Ce,

7, RUE BAILLIF, 7.